Playlist Title _____

Dedicated to _____   Date _____

Song Name	Artist	Year	Notes

URL _____

Notes _____

_____

Playlist Title

Dedicated to _____   Date _____

Song Name	Artist	Year	Notes

URL _____

Notes _____

_____

_____

Playlist Title

Dedicated to _____ Date _____

Song Name	Artist	Year	Notes

URL _____

Notes _____

_____

Playlist Title _____

Dedicated to _____ Date _____

Song Name	Artist	Year	Notes

URL _____

Notes _____

_____

Playlist Title _____

Dedicated to _____   Date _____

Song Name	Artist	Year	Notes

URL _____

Notes _____

_____

_____

Playlist Title

Dedicated to _____ Date _____

Song Name	Artist	Year	Notes

URL _____

Notes _____

_____

Playlist Title

Dedicated to _____ Date _____

Song Name	Artist	Year	Notes

URL _____

Notes _____

_____

Playlist Title

Dedicated to _____ **Date** _____

Song Name	Artist	Year	Notes

URL _____

Notes _____

_____

_____

Playlist Title

Dedicated to _____   Date _____

Song Name	Artist	Year	Notes

URL _____

Notes _____

_____

Playlist Title _____

Dedicated to _____ Date _____

Song Name	Artist	Year	Notes

URL _____

Notes _____

_____

Playlist Title

Dedicated to _____   Date _____

Song Name	Artist	Year	Notes

URL _____

Notes _____

Playlist Title

Dedicated to _____   Date _____

Song Name	Artist	Year	Notes

URL _____

Notes _____

_____

Playlist Title _____

Dedicated to _____   Date _____

Song Name	Artist	Year	Notes

URL _____

Notes _____

_____

Playlist Title

Dedicated to _____ Date _____

Song Name	Artist	Year	Notes

URL _____

Notes _____

_____

Playlist Title

Dedicated to _____   Date _____

Song Name	Artist	Year	Notes

URL _____

Notes _____

_____

Playlist Title _____

Dedicated to _____   Date _____

Song Name	Artist	Year	Notes

URL _____

Notes _____

Playlist Title

Dedicated to _____   Date _____

Song Name	Artist	Year	Notes

URL _____

Notes _____

_____

Playlist Title

Dedicated to _____   Date _____

Song Name	Artist	Year	Notes

URL _____

Notes _____

_____

Playlist Title _____

Dedicated to _____   Date _____

Song Name	Artist	Year	Notes

URL _____

Notes _____
_____

Playlist Title

Dedicated to _____   Date _____

Song Name	Artist	Year	Notes

URL _____

Notes _____

_____

_____

Playlist Title _____

Dedicated to _____   Date _____

Song Name	Artist	Year	Notes

URL _____

Notes _____

_____

Playlist Title

Dedicated to _____ Date _____

Song Name	Artist	Year	Notes

URL _____

Notes _____

_____

Playlist Title

Dedicated to _____   Date _____

Song Name	Artist	Year	Notes

URL _____

Notes _____

_____

Playlist Title

Dedicated to _____   Date _____

Song Name	Artist	Year	Notes

URL _____

Notes _____

_____

Playlist Title

Dedicated to _____ Date _____

Song Name	Artist	Year	Notes

URL _____

Notes _____

_____

Playlist Title

Dedicated to _____ Date _____

Song Name	Artist	Year	Notes

URL _____

Notes _____

_____

Playlist Title

Dedicated to _____   Date _____

Song Name	Artist	Year	Notes

URL _____

Notes _____

_____

Playlist Title _____

Dedicated to _____ Date _____

Song Name	Artist	Year	Notes

URL _____

Notes _____

_____

Playlist Title

Dedicated to _____   Date _____

Song Name	Artist	Year	Notes

URL _____

Notes _____

_____

Playlist Title

Dedicated to _____ Date _____

Song Name	Artist	Year	Notes

URL _____

Notes _____

_____

Playlist Title

Dedicated to _____   Date _____

Song Name	Artist	Year	Notes

URL _____

Notes _____

_____

_____

Playlist Title

Dedicated to _____ Date _____

Song Name	Artist	Year	Notes

URL _____

Notes _____

Playlist Title

Dedicated to _____ Date _____

Song Name	Artist	Year	Notes

URL _____

Notes _____

_____

_____

Playlist Title _____

Dedicated to _____   Date _____

Song Name	Artist	Year	Notes

URL _____

Notes _____
_____

Playlist Title

Dedicated to _____ Date _____

Song Name	Artist	Year	Notes

URL _____

Notes _____

Playlist Title _____

Dedicated to _____ Date _____

Song Name	Artist	Year	Notes

URL _____

Notes _____

_____

_____

Playlist Title _____

Dedicated to _____   Date _____

Song Name	Artist	Year	Notes

URL _____

Notes _____

_____

Playlist Title

Dedicated to _____   Date _____

Song Name	Artist	Year	Notes

URL _____

Notes _____

Playlist Title

Dedicated to _____   Date _____

Song Name	Artist	Year	Notes

URL _____

Notes _____

_____

_____

Playlist Title _____

Dedicated to _____   Date _____

Song Name	Artist	Year	Notes

URL _____

Notes _____

_____

Playlist Title

Dedicated to _____ Date _____

Song Name	Artist	Year	Notes

URL _____

Notes _____

_____

Playlist Title

Dedicated to _____ Date _____

Song Name	Artist	Year	Notes

URL _____

Notes _____

Playlist Title

Dedicated to _____   Date _____

Song Name	Artist	Year	Notes

URL _____

Notes _____

_____

Playlist Title

Dedicated to _____   Date _____

Song Name	Artist	Year	Notes

URL _____

Notes _____
_____

Playlist Title

Dedicated to _____   Date _____

Song Name	Artist	Year	Notes

URL _____

Notes _____

_____

_____

Playlist Title

Dedicated to _____ Date _____

Song Name	Artist	Year	Notes

URL _____

Notes _____
_____

Playlist Title _____

Dedicated to _____   Date _____

Song Name	Artist	Year	Notes

URL _____

Notes _____

_____

Playlist Title

Dedicated to _____ Date _____

Song Name	Artist	Year	Notes

URL _____

Notes _____

_____

Playlist Title

Dedicated to _____   Date _____

Song Name	Artist	Year	Notes

URL _____

Notes _____

_____

Playlist Title

Dedicated to _____   Date _____

Song Name	Artist	Year	Notes

URL _____

Notes _____

Playlist Title

Dedicated to _____ Date _____

Song Name	Artist	Year	Notes

URL _____

Notes _____

_____

Playlist Title

Dedicated to _____   Date

Song Name	Artist	Year	Notes

URL _____

Notes _____

Playlist Title

Dedicated to _____ Date _____

Song Name	Artist	Year	Notes

URL _____

Notes _____

_____

Playlist Title _____

Dedicated to _____   Date _____

Song Name	Artist	Year	Notes

URL _____

Notes _____

_____

Playlist Title

Dedicated to _____ Date _____

Song Name	Artist	Year	Notes

URL _____

Notes _____

_____

Playlist Title

Dedicated to _____ Date _____

Song Name	Artist	Year	Notes

URL _____

Notes _____

_____

Playlist Title

Dedicated to _____   Date _____

Song Name	Artist	Year	Notes

URL _____

Notes _____

Playlist Title

Dedicated to _____ Date _____

Song Name	Artist	Year	Notes

URL _____

Notes _____

_____

Playlist Title _____

Dedicated to _____   Date _____

Song Name	Artist	Year	Notes

URL _____

Notes _____

_____

_____

Playlist Title

Dedicated to _____ Date _____

Song Name	Artist	Year	Notes

URL _____

Notes _____

_____

Playlist Title

Dedicated to _____   Date _____

Song Name	Artist	Year	Notes

URL _____

Notes _____

_____

Playlist Title

Dedicated to _____   Date _____

Song Name	Artist	Year	Notes

URL _____

Notes _____

_____

Playlist Title _____

Dedicated to _____ Date _____

Song Name	Artist	Year	Notes

URL _____

Notes _____

_____

_____

Playlist Title _____

Dedicated to _____ Date _____

Song Name	Artist	Year	Notes

URL _____

Notes _____

_____

Playlist Title

Dedicated to _____   Date _____

Song Name	Artist	Year	Notes

URL _____

Notes _____

_____

Playlist Title _____

Dedicated to _____ Date _____

Song Name	Artist	Year	Notes

URL _____

Notes _____

_____

Playlist Title

Dedicated to _____   Date _____

Song Name	Artist	Year	Notes

URL _____

Notes _____

_____

Playlist Title

Dedicated to _____ Date _____

Song Name	Artist	Year	Notes

URL _____

Notes _____

_____

_____

Playlist Title

Dedicated to _____   Date _____

Song Name	Artist	Year	Notes

URL _____

Notes _____

_____

Playlist Title

Dedicated to _____   Date _____

Song Name	Artist	Year	Notes

URL _____

Notes _____

Playlist Title

Dedicated to _____   Date _____

Song Name	Artist	Year	Notes

URL _____

Notes _____

_____

Playlist Title _____

Dedicated to _____   Date _____

Song Name	Artist	Year	Notes

URL _____

Notes _____
_____

Playlist Title

Dedicated to _____   Date _____

Song Name	Artist	Year	Notes

URL _____

Notes _____

Playlist Title

Dedicated to _____ Date _____

Song Name	Artist	Year	Notes

URL _____

Notes _____

_____

Playlist Title

Dedicated to _____   Date _____

Song Name	Artist	Year	Notes

URL _____

Notes _____

_____

Playlist Title

Dedicated to _____   Date _____

Song Name	Artist	Year	Notes

URL _____

Notes _____

Playlist Title

Dedicated to _____   Date _____

Song Name	Artist	Year	Notes

URL _____

Notes _____

_____

Playlist Title _____

Dedicated to _____   Date _____

Song Name	Artist	Year	Notes

URL _____

Notes _____

_____

Playlist Title

Dedicated to _____ Date _____

Song Name	Artist	Year	Notes

URL _____

Notes _____

_____

Playlist Title

Dedicated to _____ Date _____

Song Name	Artist	Year	Notes

URL _____

Notes _____

_____

Playlist Title

Dedicated to _____   Date _____

Song Name	Artist	Year	Notes

URL _____

Notes _____
_____

Playlist Title

Dedicated to _____ Date _____

Song Name	Artist	Year	Notes

URL _____

Notes _____

_____

Playlist Title

Dedicated to _____   Date _____

Song Name	Artist	Year	Notes

URL _____

Notes _____

_____

Playlist Title

Dedicated to _____   Date _____

Song Name	Artist	Year	Notes

URL _____

Notes _____

_____

_____

Playlist Title

Dedicated to _____ Date _____

Song Name	Artist	Year	Notes

URL _____

Notes _____

_____

Playlist Title

Dedicated to _____   Date _____

Song Name	Artist	Year	Notes

URL _____

Notes _____
_____
_____

Playlist Title

Dedicated to _____   Date _____

Song Name	Artist	Year	Notes

URL _____

Notes _____

_____

Playlist Title

Dedicated to _____ Date _____

Song Name	Artist	Year	Notes

URL _____

Notes _____

_____

Playlist Title

Dedicated to _____   Date _____

Song Name	Artist	Year	Notes

URL _____

Notes _____

Playlist Title

Dedicated to _____ Date _____

Song Name	Artist	Year	Notes

URL _____

Notes _____
_____

Playlist Title

Dedicated to _____ Date _____

Song Name	Artist	Year	Notes

URL _____

Notes _____

_____

Playlist Title

Dedicated to _____   Date _____

Song Name	Artist	Year	Notes

URL _____

Notes _____

_____

Playlist Title

Dedicated to _____   Date _____

Song Name	Artist	Year	Notes

URL _____

Notes _____

_____

Playlist Title

Dedicated to _____ Date _____

Song Name	Artist	Year	Notes

URL _____

Notes _____

_____

Playlist Title

Dedicated to _____ Date _____

Song Name	Artist	Year	Notes

URL _____

Notes _____

_____

Playlist Title

Dedicated to _____ Date _____

Song Name	Artist	Year	Notes

URL _____

Notes _____

_____

Playlist Title

Dedicated to _____   Date _____

Song Name	Artist	Year	Notes

URL _____

Notes _____

_____

Playlist Title

Dedicated to _____   Date _____

Song Name	Artist	Year	Notes

URL _____

Notes _____

Playlist Title

Dedicated to _____ Date _____

Song Name	Artist	Year	Notes

URL _____

Notes _____

_____

Playlist Title

Dedicated to _____   Date _____

Song Name	Artist	Year	Notes

URL _____

Notes _____

CPSIA information can be obtained
at www.ICGtesting.com
Printed in the USA
BVHW011436311019
562602BV00009B/528/P